Ellen Ochoa

por Teresa Iverson

Chicago, Illinois

Printed and bound in China by South China Printing Company.
07 06
10 9 8 7 6 5 4 3 2 1

Library of Congress Cataloging-in-Publication Data:
Cataloging-in-Publication data is on file at the Library of Congress.

Acknowledgments
The publisher would like to thank the following for permission to reproduce photographs:
pp.4, 13, 24, 27, 31, 32, 35, 41, 47, 50, 52, 53, 57, 59 NASA; pp.7, 8, 16, 30 Ellen Ochoa; p.14 Corbis/Richard Cummins; p.18 AIP Emilio Segre Visual Archives, Gift of Dr. Joseph W. Goodman; p..20 Photo Researchers/J.Greim; p.22, 38 Corbis/Roger Ressemeyer; p.25 Corbis/Bettman; p.28 Corbis/Gene Blevins/LA Daily News; p.37 Corbis; p.42 Corbis/NASA; p.45 Corbis Sygma/NASA; pp.48 Corbis/Reuters/NASA

Cover photograph: NASA

Every effort has been made to contact copyright holders of any material reproduced in this book. Any omissions will be rectified in subsequent printings if notice is given to the publisher.

Special thanks to Ellen Ochoa for her help in the preparation of this book.

Algunas palabras aparecen en negrita, **así**. Encontrarás su significado en el glosario.

Contenido

Ellen Ochoa (centro) y astronautas de la misión STS-110.

Introducción

¿Te imaginas estar en un trasbordador espacial a cientos de millas de la superficie terrestre y flotando en **gravedad** cero? ¿Te imaginas usando las máquinas y robots más avanzados del mundo para ayudar a montar la **Estación Espacial Internacional**? ¿Te imaginas qué tipo de trabajo y entrenamiento necesitarías para poder llegar a hacer todo eso?

Ésas son algunas de las cosas que hacen los astronautas. Y Ellen Ochoa es la primera mujer hispanoamericana que se convirtió en astronauta. Viajó al espacio cuatro veces en un trasbordador espacial. Dos de esas veces, fue a la Estación Espacial Internacional. Su trabajo es muy importante para la **NASA** y recibió muchos premios por sus logros.

Ochoa siempre participó de muchas cosas diferentes. Antes de ser elegida como astronauta, fue inventora y ayudó a desarrollar máquinas nuevas que permitieran ver las cosas de distintas maneras. Los inventos de Ochoa se usan en la Tierra y en el espacio. Uno de sus inventos se usó con una cámara de video para ubicar el lugar adecuado para el descenso de una nave espacial en Marte.

Ochoa creció en La Mesa, cerca de San Diego, California. Sus abuelos paternos nacieron en el estado mexicano de Sonora. Sus padres se divorciaron cuando ella estaba en los primeros años de secundaria. Después del divorcio, ella y sus cuatro hermanas y hermanos vivieron con su madre, Rosanne. Rosanne siempre alentó a sus hijos para que fueran buenos estudiantes e hicieran las cosas que les interesaban. Fue una gran influencia en la vida de Ellen.

Ochoa siempre fue una estudiante sobresaliente. Cuando era más joven, su fuerte eran las matemáticas. También tocaba muy bien la flauta. Era tan buena en tantas asignaturas que le resultó muy difícil decidir a qué se quería dedicar de grande. Al final, decidió estudiar **física** e **ingeniería eléctrica**.

Mientras Ochoa estudiaba en la Universidad de Stanford, Sally Ride se convirtió en la primera mujer astronauta. Inspirada por este ejemplo, Ochoa se postuló para capacitarse como astronauta de la NASA. Ahora que ya es una astronauta, suele contarles a muchas personas sobre su trabajo, incluso a muchos niños de las escuelas. Así como su madre la alentaba a ella, Ochoa hoy alienta a los niños para que sean buenos estudiantes. Cree que la educación puede abrir muchas puertas en la vida. ¿Quién sabe? Si te esfuerzas, ¡tú también podrías llegar a ser un astronauta!

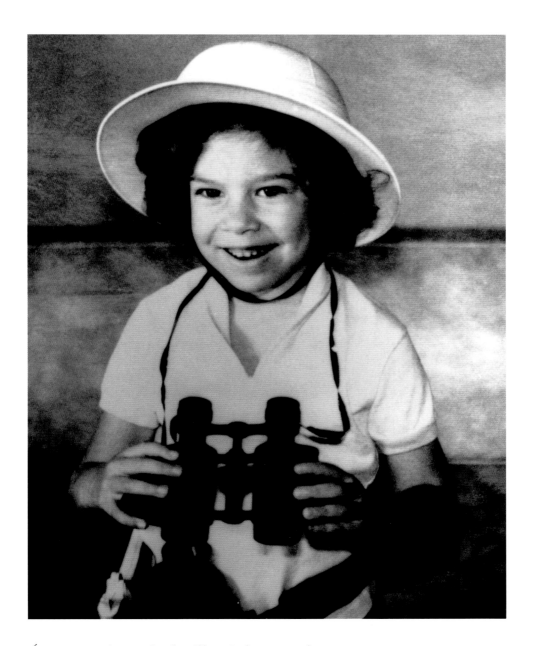

Ésta es una fotografía de Ellen Ochoa cuando era niña.

A Ellen Ochoa siempre le interesó aprender.

Capítulo 1:
La infancia en California

Ellen Ochoa nació el 10 de mayo de 1958 en Los Ángeles, California. Creció en La Mesa, un barrio de las afueras de San Diego que ella considera su hogar. Ellen fue la tercera de los cinco hijos del matrimonio de Rosanne y Joseph Ochoa. Ambos nacieron en Estados Unidos: Joseph, en California, y Rosanne, en Oklahoma.

Los padres de Joseph eran del estado de Sonora, en México, y llegaron a Arizona antes de que naciera Joseph. En México, el padre de Joseph habia sido redactor de un periódico. En Estados Unidos, era dueño de una tienda. Ellen nunca conoció a sus abuelos paternos. Para cuando ella nació, el padre de Joseph ya había muerto y su madre ya tenía más de ochenta años. Pero Ellen cree que estarían orgullosos de ella y de sus logros en la vida: "Me imagino el asombro y el orgullo que sentirían mis abuelos, que nacieron en México en la década de 1870, al saber que su nieta llegó a viajar al espacio".

Joseph era el menor de doce hermanos. Su familia había llegado a Estados Unidos muchos años antes de que él naciera. Joseph creció en un hogar **bilingüe**: su familia hablaba tanto inglés como español.

Durante la infancia de Joseph, había mucha **discriminación** contra los hispanos. Un hispano es una persona cuya familia proviene de un país en el que se habla español. A Joseph y sus hermanos a veces los trataban injustamente por ser hispanos. Por ejemplo, sólo podían usar la piscina pública si, al día siguiente, estaba programada su limpieza. Esto pasaba porque, en el lugar donde vivían, muchos tenían **prejuicios** y creían, tontamente, que los hispanos ensuciaban el agua de la piscina.

Cuando Joseph fue padre, quiso proteger a sus hijos de la discriminación que él había sufrido. Por eso, no les enseñó a hablar español ni les contó mucho sobre sus orígenes mexicanos.

Los primeros intereses

De niña, a Ellen Ochoa le gustaba leer. Recuerda haber leído *El Hobbit*, de J. R. R. Tolkien, *y Una arruga en el tiempo*, de Madeleine L'Engle. En ambos libros, los autores crean mundos fantásticos. La protagonista de *Una arruga en el tiempo* es una niña llamada Meg, que viaja al espacio.

El 20 de julio de 1969, cuando Ochoa tenía once años, el astronauta Neil Armstrong fue la primera persona que caminó en la Luna. Fue un día muy importante para toda la humanidad. En esa época, muchos jamás se habían imaginado que una persona pudiera caminar en la Luna. Pero Ochoa no pensó en viajar al espacio sino hasta mucho tiempo después.

Cambios difíciles

Cuando Ochoa estaba en los primeros años de secundaria, sus padres se divorciaron. Ochoa y sus hermanos se quedaron a vivir con su madre, Rosanne. Rosanne siempre los alentaba para que hicieran lo que les gustara y para que se esforzaran mucho, sobre todo, en la escuela. Cuando Ochoa tenía un año, Rosanne empezó la universidad. Incluso después de divorciarse, Rosanne continuó estudiando al mismo tiempo que criaba a sus cinco hijos. Cursaba una sola asignatura por vez. Le apasionaban todo tipo de temas y tomaba clases de todo lo que le interesaba. Le llevó más de 20 años terminar la universidad, pero finalmente lo logró. Rosanne fue una gran influencia en la vida de Ochoa. Gracias a ella, Ochoa aprendió a valorar la **persistencia** y a disfrutar del aprendizaje.

Una joven especialista

Ochoa siempre fue una buena estudiante. Pero, hasta que llegó a la universidad, sus fuertes eran las matemáticas y la música. Cuando tenía diez años, empezó a tocar la flauta. Desde entonces, siempre disfruta de tocar música. En la preparatoria estudió **cálculo**, una clase avanzada de matemáticas, pero no tomó muchas clases de ciencias. La única clase de ciencias que tomó fue biología. No asistió a clases de química ni de

La misión a la Luna de la *Apolo 11*

El 16 de julio de 1969, la nave espacial *Apolo 11* despegó de Cabo Kennedy, en el estado de Florida. Por primera vez en la historia, una nave espacial tenía como objetivo descender en la Luna. Tres astronautas iban a bordo: Neil Armstrong, Buzz Aldrin y Michael Collins.

Cuatro días después, Neil Armstrong era la primera persona en pisar la superficie lunar. Los astronautas estuvieron menos de un día recogiendo muestras lunares, y luego regresaron a la Tierra. En los tres años siguientes, la NASA (la Administración Nacional de Aeronáutica y el Espacio) envió cinco naves más a la Luna.

física, dos asignaturas de ciencias que casi todos estudian en la preparatoria. En esa época, Ochoa no creía que alguna vez fuera a interesarse por las ciencias.

En 1975, Ochoa se graduó de la preparatoria Grossmont. Fue la **estudiante a cargo del discurso de despedida** de su clase, que es la persona con las calificaciones más altas. Ochoa decidió continuar sus estudios en la Universidad Estatal de San Diego, cerca de La Mesa, donde había crecido.

En esta fotografía, el astronauta Edwin E. "Buzz" Aldrin camina sobre la superficie lunar el 20 de julio de 1969.

Ésta es una fotografía de la Universidad Estatal de San Diego.

Capítulo 2:
En busca de una profesión

En la Universidad Estatal de San Diego, Ochoa tenía que elegir una asignatura principal para estudiar. Pero le costaba mucho decidirse. Inspirada por el ejemplo de su madre, disfrutaba aprender muchas cosas diferentes. Y tenía talento para todo lo que se proponía. ¿Debía estudiar música o matemáticas? También estaba pensando en estudiar administración de empresas. Al final, se le ocurrió estudiar alguna de las ciencias, como ingeniería eléctrica o tal vez física. Antes de terminar la universidad, Ochoa había cambiado de asignatura principal cinco veces.

Abrir caminos

En la época en la que Ochoa estaba en la universidad, muy pocas mujeres obtenían un título en ciencias. Como era mujer, a Ochoa la convencieron de que no estudiara ingeniería eléctrica. Pero, como sabía mucho de matemáticas, la aceptaron en el departamento de física. Saber matemáticas es muy importante para estudiar física.

Ochoa y su familia se ven muy sonrientes el día que Ochoa se graduó de la universidad.

Ochoa terminó su licenciatura con las mejores calificaciones. Por segunda vez, pronunció el discurso de despedida de su clase. Sin embargo, todavía no sabía a qué quería dedicarse. Aunque finalmente había elegido la física, mantenía otros intereses, en especial, la música. Durante un tiempo, pensó en convertirse en flautista de música clásica. Al final, Ochoa decidió hacer estudios de postgrado en ciencias y la aceptaron en la Universidad de Stanford, en el estado de California.

En Stanford, Ochoa era una de las pocas mujeres que estudiaban para un título de postgrado en un campo científico. No se sentía muy cómoda porque no había muchos modelos femeninos a seguir en la comunidad científica ni tenía compañeras mujeres con quienes compartir sus intereses. A pesar de esto, Ochoa estaba decidida a que le fuera bien.

Definir las ideas

Mientras Ochoa estaba en Stanford, conoció a un profesor llamado Joseph Goodman, que sería muy importante en su vida. Goodman se convirtió en su consejero. Un consejero es un experto en un tema que ayuda a un estudiante a decidir qué asignaturas elegir.

Gracias a los consejos de Goodman, Ochoa decidió hacer investigaciones sobre los sistemas ópticos. También trabajó con el profesor Ronald Bracewell, un científico que sabía mucho sobre el tipo de **óptica** que le interesaba a Ochoa. Ochoa ya había estudiado óptica en la Universidad Estatal de San Diego y le resultaba muy interesante. La óptica es el estudio de la visión y de la manera en la que vemos las cosas. Para poder ver cosas, necesitamos luz, así que la óptica también es la ciencia que estudia la luz y su funcionamiento.

Como muchos pintores y otros artistas, los científicos desarrollaron distintas maneras de crear imágenes tridimensionales de objetos. Una imagen tridimensional es una imagen que tiene profundidad y que se ve exactamente igual al objeto real. Los científicos tienen muchas maneras

El Dr. Joseph Goodman fue una gran influencia para Ochoa.

Joseph Goodman

Durante muchos años, Joseph Goodman fue profesor de ingeniería eléctrica en la Universidad de Stanford. Se especializaba en el campo de la óptica.

Antes de graduarse, Ochoa ya estaba interesada en la óptica. Admiraba a Goodman porque era uno de los científicos más famosos en ese campo. Goodman escribió un libro muy importante que hoy usan la mayoría de los estudiantes de óptica.

de hacer esto. Una de ellas es con la computadora. Otra forma usa la luz en sistemas ópticos, como los hologramas y los láseres.

Los láseres tienen muchos usos. Los médicos los suelen usar para realizar operaciones delicadas, como la cirugía ocular. Un holograma es una imagen de un objeto producida por la luz de un láser. Cuando miras un holograma, la imagen se ve en tres dimensiones, como si pudieras tocarla con sólo estirar la mano.

Los estudios de Ochoa tenían que ver tanto con las computadoras como con los sistemas ópticos. Los sistemas ópticos en los que ella trabajó son máquinas que producen imágenes más rápido que las computadoras. Además, les permiten a los científicos medir el peso, el volumen y el grosor de un objeto.

Ochoa recibió dinero de la Universidad de Stanford para continuar estudiando ingeniería y terminó la maestría en ciencias en 1981. Una maestría es un título que otorga una universidad. Demuestra que una persona estudió y aprendió mucho sobre un tema en particular. Cuando alguien quiere aprender todavía más sobre un tema y convertirse en un verdadero experto en ese campo, puede seguir estudiando para obtener un doctorado. En general, esto lleva varios años. Ochoa recibió más dinero para seguir estudiando y se recibió de doctora en ingeniería eléctrica en 1985. Un ingeniero eléctrico es alguien que estudia y trabaja con la energía eléctrica y las máquinas que usan este tipo de energía.

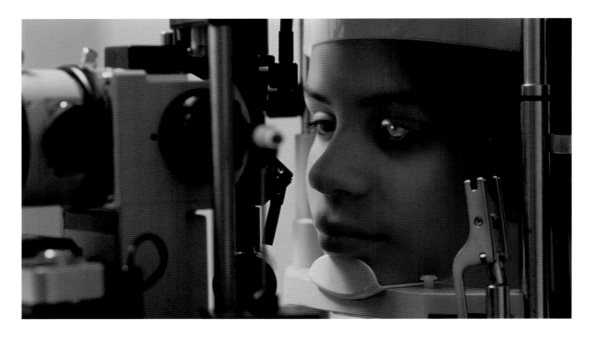

Gracias al trabajo de Ellen Ochoa en sistemas ópticos, hubo avances en áreas como la cirugía ocular láser.

Nuevos descubrimientos

Mientras Ochoa estaba estudiando para su doctorado, trabajaba con el profesor Goodman y con otro de sus consejeros, el profesor Bert Hesselink. Juntos, inventaron un sistema óptico para usar en una máquina que examina objetos. Esta máquina podía encontrar errores en los patrones. Así que, por ejemplo, podía usarse en una fábrica que hace miles y miles de unidades de una misma cosa. La máquina que inventaron puede examinar cada uno de los objetos que se fabrican para asegurarse de que sean todos iguales y que no tengan defectos. De esa manera, no hace falta que una persona mire cada uno de los objetos que se fabrican.

La ingeniería eléctrica no era lo único que le interesaba a Ochoa. Ella era buena en muchas cosas diferentes y era importante para ella tener otros intereses además de la física. Ochoa continuó tocando la flauta. Se unió como solista a la Orquesta Sinfónica de la Universidad de Stanford y ganó un premio como solista. Más tarde, Ochoa diría que una de las razones por las que había estudiado en la Universidad de Stanford fue porque le permitía continuar haciendo muchas otras cosas que le interesaban, como tocar la flauta.

Columbia *fue el primer trasbordador espacial estadounidense. Esta fotografía del* Columbia *fue tomada en la mañana de su primer lanzamiento, en 1981.*

Capítulo 3:
Los inventos para la NASA

En 1981, una nave espacial viajó al espacio y regresó a la Tierra por primera vez. Era la *Columbia*. A este nuevo tipo de naves, la NASA las llamó trasbordadores espaciales. Iniciaron un nuevo programa de trasbordadores espaciales que aún existe. Este programa explora el espacio y les permite a los astronautas hacer cosas en el espacio que no se habían hecho antes; por ejemplo, hacer experimentos científicos y traer los resultados para que se analicen en la Tierra.

Durante los primeros 20 años del programa, no hubo mujeres astronautas. Antes de que Ochoa terminara su doctorado, dos cosas la hicieron cambiar de planes. Primero, algunos de sus amigos de Stanford se postularon para ser astronautas del programa de entrenamiento de la NASA. Segundo, en 1983, Sally Ride se convirtió en la primera mujer en viajar al espacio. Su ejemplo hizo pensar a Ochoa en postularse como astronauta. Averiguó los requisitos y, en 1985, presentó la solicitud, pero la rechazaron.

El trasbordador espacial

Desde el primer viaje de la nave *Columbia*, en 1981, la NASA pone trasbordadores espaciales en **órbita** todos los años. Los trasbordadores espaciales son vehículos que orbitan, o viajan, alrededor de la Tierra. Para lanzarlos al espacio, se necesitan dos cohetes. Una vez que completan el vuelo, los trasbordadores vuelven para aterrizar en la Tierra. Después de llegar a la Tierra, el cuerpo principal del trasbordador, que se llama orbitador, y los cohetes pueden usarse de nuevo. Es decir que pueden volver a volar. Hasta que se desintegró sobre el norte de Texas el 1° de febrero de 2003, el trasbordador espacial *Columbia* hizo muchos viajes.

Cuando vuelan, los trasbordadores se mantienen más cerca de la Tierra que las naves espaciales que solían ir a la Luna. Orbitan a una distancia de entre 115 y 250 millas de la superficie terrestre. Un vuelo típico de un trasbordador espacial dura entre siete y diez días. En el espacio, el trasbordador puede viajar a cinco millas por segundo. ¡Más de 300 veces más rápido que un automóvil en una carretera!

El trasbordador espacial puede volar con o sin astronautas a bordo. Los vuelos con astronautas se llaman "tripulados". Y los vuelos sin astronautas se llaman "no tripulados". Los trasbordadores llegaron a llevar una tripulación de hasta ocho astronautas en un solo viaje. Pero pueden llevar hasta diez astronautas.

Sally Ride fue la primera mujer astronauta estadounidense en viajar al espacio. Esta fotografía fue tomada en 1978, cinco años antes de su primer vuelo.

En 1985, Ochoa empezó a trabajar en los Laboratorios Nacionales Sandia, en Livermore, California. Allí siguió investigando formas nuevas y diferentes de usar los sistemas ópticos. Aún quería ser astronauta, y Sandia estaba desarrollando proyectos para la NASA. En 1987, Ochoa volvió a postularse como astronauta y la NASA casi la aceptó. Quedó entre los 100 postulantes elegidos de entre muchos más. Pero, al final, no la aceptaron. Ochoa todavía no trabajaba para la NASA, pero, a través de Sandia, el organismo espacial podía usar sus investigaciones.

El trabajo de investigación

Ochoa se fue de Sandia en 1988 y comenzó a trabajar en el Centro de Investigación Ames, en Moffett Field, California. Ames es uno de los centros de investigación de la NASA. Ahora Ochoa trabajaba directamente para la NASA. Su sueño de ser astronauta estaba cada vez más cerca.

En Ames, Ochoa tenía 35 ingenieros y científicos a su cargo. Con ellos, estudiaba diferentes maneras de usar robots en el espacio. Los robots pueden hacer cosas en lugares adonde el ser humano no puede llegar. Por ejemplo, una persona puede arreglar el exterior de un trasbordador espacial con mucha más facilidad si usa un robot parcial, como un brazo mecánico, en lugar de salir al exterior de la nave. Ochoa lo explica así: "Tenemos un brazo de 50 pies de largo que podemos llevar en el trasbordador… Es muy parecido al brazo humano. Tiene una articulación de muñeca, una de codo y una de hombro".

Este edificio es parte del Centro de Investigación Ames, donde Ellen Ochoa trabajó a partir de 1988.

En sus trabajos, Ochoa investigaba maneras de procesar información mediante sistemas ópticos. También ayudaba a controlar que los equipos de la NASA fueran seguros. A los seis meses de haber sido contratada, la nombraron jefa de Tecnología de Sistemas Inteligentes.

Los robots son muy útiles para los científicos porque pueden ir a los lugares donde los astronautas no pueden. Por ejemplo, el Mars Spirit Rover *(que se ve en la fotografía) exploró la superficie de Marte, donde los astronautas aún no pudieron llegar porque el planeta está muy lejos de la Tierra.*

Durante el tiempo que trabajó en Sandia y luego en Ames, Ochoa desarrolló un sistema para identificar objetos sin importar dónde estuvieran. Este sistema podía reconocer objetos que estaban muy lejos. Ochoa ayudó a desarrollar robots para explorar el espacio. Durante ese tiempo, también desarrolló un sistema para que las imágenes tomadas en el espacio por cámaras fotográficas y de video se vieran más definidas y claras que antes.

Los científicos de la NASA usaban los sistemas de Ochoa cuando enviaban naves espaciales no tripuladas a Marte, donde nunca estuvo ningún astronauta. Con este sistema, una cámara de video podía ayudar a localizar un buen lugar de la superficie marciana para que descendiera una nave espacial. También podía usarse para guiar un robot hacia un objeto o alrededor de él. La NASA comenzó a valorar a Ochoa por sus muchos inventos y habilidades.

Pronto, su arduo trabajo como ingeniera de investigación y líder de grupo en Ames empezó a dar frutos. En 1989, Ochoa recibió el primer premio importante, el Premio Nacional al Logro de Ingenieros Hispanos, por ser la ingeniera más prometedora del gobierno.

Sus otros intereses

¿Pero cómo era la vida de Ochoa fuera de su trabajo? En 1986, comenzó a volar y obtuvo una licencia de piloto para volar aviones pequeños a motor. Uno de sus hermanos ya tenía la licencia, así que ella decidió obtener una también. Durante los primeros años del programa espacial,

Ochoa tiene muchos pasatiempos, entre ellos, volar aviones pequeños.

la mayoría de los astronautas de la NASA eran pilotos del ejército. Con el tiempo, el programa incluyó a más científicos e ingenieros. Al poder volar aviones particulares, Ochoa seguía los pasos de los primeros astronautas.

Aunque tenía un programa de actividades muy completo, Ochoa también encontró tiempo para el amor. En 1990, se casó con Coe Fulmer Miles. Ambos eran ingenieros de investigación de la NASA.

Ochoa siempre disfrutó de la aventura que le ofrece su trabajo.

Ochoa no dejó que su profesión fuera lo único importante en su vida. Continuó tocando la flauta y dedicándose a los deportes. Sus deportes favoritos eran el ciclismo y el vóleibol. Se aseguró de tener tiempo para hacer las cosas que siempre habían sido importantes para ella. Pero era muy afortunada: ¡también adoraba su trabajo!

Esta fotografía fue tomada durante el entrenamiento de supervivencia que hizo Ochoa en un parque natural de Spokane, Washington, en 1990.

Capítulo 4:
La primera astronauta
hispanoamericana

En 1990, el arduo trabajo de Ochoa rindió sus frutos: la NASA la eligió para que se entrenara como astronauta. Esta vez, fue una de las únicas 23 personas elegidas de entre unos 2,000 postulantes. Era la primera vez que una mujer hispana formaba parte de ese grupo especial. Ochoa estaba muy entusiasmada por haber sido elegida para ser astronauta. Su familia también estaba feliz por ella. Pero Ochoa todavía no estaba lista para viajar al espacio.

La preparación

Antes de poder viajar al espacio, Ochoa debía aprender muchas habilidades nuevas. Desde finales de la década de 1990 hasta julio de 1991, pasó por un difícil programa de entrenamiento en el Centro Espacial Johnson, que es la oficina central de la NASA, ubicada en Houston, Texas. El programa la entrenó en muchas áreas, por ejemplo, geología (el estudio de la Tierra), oceanografía (el estudio de los océanos), astronomía (el estudio de las estrellas) y medicina, entre otras cosas. Y, desde luego, Ochoa estudió acerca del trasbordador espacial. También recibió entrenamiento físico. Estudió maneras de sobrevivir en la tierra y en el agua en caso de que debiera hacer un aterrizaje forzoso. También aprendió a lanzarse en paracaídas.

Finalmente, Ochoa aprobó todas las asignaturas del programa de entrenamiento. ¡Su persistencia había valido la pena! Ahora era una astronauta y podían elegirla del grupo especial de astronautas preparados para volar al espacio. El número total de astronautas de la NASA es de aproximadamente 110 personas, así que es un logro muy importante. En la NASA, sólo ocho astronautas son de origen hispano. Ochoa es una de ellos, pero además fue la primera mujer hispanoamericana que llegó a ser astronauta.

Ochoa estaba muy entusiasmada con su nuevo puesto. Una de las razones principales por las que quería ser astronauta era que, para serlo, se necesitan muchas habilidades diferentes. Este trabajo le permitiría a Ochoa combinar sus talentos en investigación e ingeniería con su deseo de formar parte del apasionante mundo de la exploración espacial. En 1992, Ochoa recibió dos premios de la NASA por sus contribuciones tecnológicas. Fueron los primeros de los muchos premios que le dio la NASA.

Después de completar el programa inicial de entrenamiento, Ochoa tuvo que esperar casi dos años para viajar al espacio. En realidad, no fue

Esta fotografía fue tomada durante el entrenamiento para rescates de emergencia que hizo Ochoa en el Centro Espacial Johnson en 1999.

una espera muy larga. ¡Algunos astronautas llegan a esperar hasta 10 ó 15 años para viajar al espacio!

La NASA entrena muy bien a sus astronautas para que enfrenten cualquier problema que pueda surgir durante una misión. Y, para cada misión, se necesita un entrenamiento especial. Durante el entrenamiento,

En sus propias palabras

"Lo que tenemos en común todos los astronautas del programa no es el sexo ni el origen étnico, sino la motivación, la perseverancia y el deseo; el deseo de participar en un viaje de descubrimiento".

"Cuando eres astronauta, aprendes todo el tiempo, como en la escuela. En un vuelo, haces investigaciones atmosféricas. En el siguiente, estudias la densidad ósea o diseñas una estación espacial".

"Lo más importante es no bajar nunca los brazos. Sin duda, es uno de esos trabajos en los que puedes aumentar tus habilidades y logros profesionales, y seguir postulándote para hacerlo".

"Si tienes la motivación de sobresalir en un área, en general también tendrás la motivación de sobresalir en otras. Eso es lo que busca la NASA".

muchas de las cosas que deben hacer los astronautas son muy difíciles. Pero los entrenan tanto que, para cuando tienen que hacer una tarea en el espacio, les resulta mucho más fácil. El entrenamiento también ayuda a evitar que se produzcan errores.

El primer viaje al espacio

En abril de 1993, alrededor de un mes antes de cumplir 35 años, Ellen Ochoa tuvo la oportunidad de hacer lo que había soñado por tantos años: formó parte de la tripulación del trasbordador espacial *Discovery*.

El nombre de su primera misión era "Sistema de Transporte Espacial, Vuelo 56", o STS-56 (por su nombre en inglés). Los científicos

Ellen Ochoa (arriba a la derecha) está de pie junto a los otros cuatro astronautas asignados para volar en el trasbordador espacial Discovery *para la misión STS-56/Atlas 2.*

de la NASA usan la sigla "STS" para identificar los vuelos de los trasbordadores espaciales. El número que sigue a la sigla es la cantidad total de vuelos que hicieron las misiones de los trasbordadores espaciales. La misión de Ochoa era la número 56 desde que empezó el programa, en 1981.

Los lanzamientos de los trasbordadores espaciales son tan ruidosos que el lugar para verlos suele estar a millas de distancia.

Capítulo 5:
Las misiones espaciales y las visitas a las escuelas

Lanzar una nave espacial es la parte más peligrosa de todos los vuelos al espacio porque los cohetes tienen que tomar velocidad muy rápido para levantar del suelo un objeto tan grande. ¡Todo el trasbordador pesa unos 4.5 millones de libras! La primera misión de Ochoa, a bordo del trasbordador espacial *Discovery*, se lanzó con éxito el 4 de abril de 1993. Durante los nueve días siguientes, orbitó alrededor de la Tierra 148 veces en total. Cinco astronautas formaron parte de la misión STS-56. Kenneth Cameron era el comandante y Stephen S. Oswald, el piloto. Ellen Ochoa y los otros dos astronautas tenían el puesto de "especialistas de la misión".

La misión

El objetivo de las misiones del programa de los trasbordadores espaciales es hacer experimentos científicos en el espacio. En realidad, el trasbordador se convierte en algo así como un laboratorio científico volador o *laboratorio espacial*. En su primer vuelo, Ochoa y sus compañeros estudiaron los efectos del Sol en el clima y medio ambiente terrestres.

Para eso, los astronautas lanzaron un satélite pequeño al espacio para obtener información. Durante dos días, el satélite *Spartan 201* orbitó solo. La tarea de Ochoa era traerlo de vuelta al trasbordador. Mediante un brazo robotizado, ella recuperó el satélite. ¿Recuerdas cómo había trabajado Ochoa en la Tierra para desarrollar ese tipo de tecnología? ¡Pues ahora era astronauta y usaba tecnología robótica en el espacio!

La vida en órbita

Ochoa disfrutó mucho su experiencia en el espacio. Según dijo, no tener peso es la parte más divertida de estar en el espacio. En el espacio, no hay **gravedad** que atraiga los objetos hacia el suelo, así que los astronautas que están en un trasbordador espacial flotan libremente por la cabina. Pero los astronautas no son los únicos que flotan en la cabina. ¡Los miembros de la tripulación ni siquiera pueden comer de un modo normal porque la comida se les escaparía del plato y también flotaría por todas partes!

Los astronautas de las primeras misiones espaciales comían de unos tubos parecidos a los de la pasta dentífrica. Hoy en día, la mayor parte de la comida está liofilizada. Los astronautas sólo tienen que agregarle agua caliente antes de comerla. De noche, en la misión del *Discovery*, Ochoa dormía dentro de un compartimiento muy pequeño que impedía que ella flotara por todas partes. No hay nada en la Tierra que pueda compararse con la experiencia de vivir en el espacio.

Ochoa intenta trabajar de cabeza a bordo del trasbordador espacial Discovery.

Mientras el trasbordador estaba en órbita alrededor de la Tierra, Ochoa disfrutaba observando el planeta de día y de noche. Como el trasbordador se mueve tan rápido, a cinco millas por segundo, la posición de Ochoa dentro de él cambiaba constantemente y muy rápido en relación con la Tierra. Así que lo que ella veía por la ventanilla cambiaba todo el tiempo. Ver la Tierra desde el espacio, según Ochao, es mejor que ver una fotografía. En el espacio, los colores son más intensos.

Así se ve la Tierra desde un trasbordador espacial en órbita.

El 17 de abril, la misión STS-56 aterrizó en el Centro Espacial Kennedy, en Cabo Cañaveral, Florida. El trasbordador no tuvo problemas y la misión fue un éxito. Ochoa regresó a la Tierra sana y salva. De hecho, nunca tuvo problemas en sus cuatro vuelos espaciales.

La misión STS-66

Poco más de un año y medio después, Ochoa estaba de nuevo en el espacio, a bordo del trasbordador *Atlantis*. La misión se llamó STS-66. Duró once días, del 3 al 14 de noviembre de 1994. Esta vez, los miembros de la tripulación eran seis.

El *Atlantis* llevaba otro satélite de investigación a bordo, el CHRISTA-SPAS. El objetivo de la misión era continuar con los vuelos de los *laboratorios espaciales* para estudiar la energía solar durante un ciclo de once años. Los científicos querían saber más acerca de cómo los cambios de la energía solar afectan al clima y al medio ambiente de la Tierra.

Los científicos también querían obtener información del satélite para saber cómo afectaban las actividades humanas a la atmósfera terrestre. La atmósfera es la capa de aire y gases que rodea un planeta.

En la misión STS-66, Ochoa era la comandante de **carga útil**. Al igual que el *Spartan 201*, el CHRISTA-SPAS dejó el trasbordador y voló por ocho días para hacer pruebas. Una vez más, Ochoa usó un brazo robotizado para recuperar el satélite al final de su vuelo libre.

Además del satélite, el *Atlantis* llevaba diez ratas preñadas en jaulas, como parte de la carga útil. Los científicos querían estudiar los efectos que producirían en las ratas el vuelo en el espacio y la falta de gravedad.

Los reconocimientos a nivel nacional

La importancia del trabajo de Ellen Ochoa era reconocida tanto dentro como fuera de la NASA. Por los vuelos que hizo en 1993 y 1994 en los trasbordadores espaciales, la NASA le otorgó dos Medallas de Vuelo Espacial. Entre otros reconocimientos que recibió en esos años, figuran la Medalla a la Excelencia que recibió del Comité Central Hispano del Congreso en 1993, y en 1994, el Premio a los Logros en Ingeniería, otorgado por las Mujeres en Ciencias e Ingeniería, y también el Premio al Logro Sobresaliente, otorgado por las Mujeres en el Espacio Aéreo.

Pero Ochoa no sólo trabajaba para la NASA en el espacio. También realizó diversos trabajos en tierra en el Centro Espacial Johnson, en Houston, Texas. Además del entrenamiento especial que hacía para cada misión, siguió investigando sobre los sistemas ópticos y los robots.

Ochoa desarrolló programas de computación para vuelos espaciales y fue la líder del **Control de Misión**: se comunicaba con los astronautas que estaban en el espacio. Pero una de las cosas más interesantes que hizo fue el trabajo de investigación y desarrollo para la Estación Espacial Internacional.

Ochoa y un miembro de la tripulación, Donald McMonagle, trabajan a bordo del trasbordador espacial Atlantis *durante la misión STS-66, en 1994.*

Hablar en público

Cuando empezó a trabajar en la NASA, Ochoa no se imaginaba que los viajes al espacio le darían otro trabajo: la invitación a dar charlas en muchas escuelas. Durante los últimos diez años, Ochoa dio cientos de charlas a maestros y estudiantes de escuela. Su objetivo principal es alentar a los estudiantes a que reciban una buena educación y que traten de cumplir sus sueños.

Ochoa quiere inspirar a los jóvenes a estudiar matemáticas y ciencias. Al ser una mujer talentosa de origen mexicano, su mensaje llega, sobre todo, a jovencitas e hispanoamericanos. En relación con los varones, aún siguen siendo pocas las jóvenes, y mucho menos las hispanoamericanas, que eligen estudiar estas asignaturas en la universidad.

En sus propias palabras

"Doy tantas charlas como me permiten. Les digo a los estudiantes que las oportunidades que tuve fueron el resultado de una buena formación educativa. La educación es lo que te permite sobresalir".

"Nunca pensé en esta posibilidad de trabajo [hablar en público] cuando me postulé para ser astronauta, pero es algo muy gratificante. No trato de lograr que todos los niños lleguen a ser astronautas, pero quiero que ellos piensen en una profesión y en la preparación que necesitarán para ella".

"Creo que es importante que los niños tengan un modelo a seguir para que vean lo que pueden llegar a ser cuando crezcan. Es importante que sepan que, si se esfuerzan, pueden ser y lograr todo lo que se propongan. Estoy orgullosa de ser un ejemplo en ese sentido".

Ochoa se prepara para volar en una de sus muchas misiones a bordo de un trasbordador espacial.

Ésta es una fotografía de la Estación Espacial Internacional.

Capítulo 6:
El equilibrio justo entre el trabajo y la familia

O choa tuvo que esperar casi cinco años para volver a viajar al espacio. Del 27 de mayo al 6 de junio de 1999, estuvo una vez más a bordo del trasbordador espacial *Discovery*, durante diez días. En su tercer vuelo, Ochoa participó de otro logro único. La misión STS-96 del *Discovery* fue enviada para dar apoyo a la nueva Estación Espacial Internacional. En este vuelo, Ochoa y los miembros de su tripulación hicieron el primer acoplamiento de un trasbordador a la Estación Espacial Internacional.

También dejaron cuatro toneladas de ropa, computadoras y equipamiento médico a fin de preparar la estación para la primera tripulación que viviera allí. El trabajo de Ochoa era supervisar el traspaso de estos elementos del trasbordador a la estación espacial. Para eso, volvió a usar un brazo robotizado.

Ochoa mira la Tierra por la ventanilla de observación de la Estación Espacial Internacional.

Era la tercera vez que Ochoa manejaba un brazo robotizado en el espacio. Esta vez, le resultó más difícil **maniobrar** el brazo, porque tuvo que usar cámaras y monitores para ver fuera del trasbordador. No podía mirar el brazo directamente.

Otra parte importante de la misión STS-96 fue la caminata espacial de ocho horas que hicieron dos compañeros astronautas de Ochoa. Mientras Ochoa trabajaba con el brazo robotizado, estos dos astronautas hacían experimentos a 200 millas de la Tierra.

La Estación Espacial Internacional

La Estación Espacial Internacional es la nave espacial más grande que se haya construido. Es cuatro veces más grande que la estación espacial anterior, llamada *Mir*, que construyeron los rusos. De hecho, es el proyecto científico más complicado de la historia. En la actualidad, ya provee un **hábitat** espacial completo para que los astronautas puedan vivir y trabajar en el espacio durante largos períodos de tiempo.

A bordo, hay laboratorios científicos que les permiten a los astronautas hacer experimentos en el espacio. Cuando la Estación Espacial Internacional esté completa, se supone que tendrá seis laboratorios de alta tecnología. La electricidad que necesita para funcionar proviene de paneles solares de casi un acre de tamaño.

Muchas naciones deben trabajar en conjunto para que la estación espacial exista. Los astronautas estadounidenses trabajan con astronautas de muchos otros países, como España, Inglaterra y Letonia. Muy a menudo, trabajan con **cosmonautas** rusos.

El último vuelo

Después de esta misión, Ochoa viajó al espacio una vez más. En la misión STS-110, el *Atlantis* hizo un viaje de once días, del 8 al 19 de abril de 2002. Era la decimotercera visita del trasbordador a la Estación Espacial Internacional.

Al igual que en su misión anterior, la de 1999, Ochoa trabajó como

El trasbordador espacial Atlantis *desciende a la Tierra sin problemas.*

Especialista de misión e Ingeniera de vuelo. En la misión STS-110, se usó por primera vez un brazo robotizado para manipular a los caminantes espaciales, o astronautas que caminan en el espacio, fuera de la Estación Espacial Internacional. Junto con otros dos astronautas, Ochoa operó un brazo robotizado para mover a otros miembros de la tripulación tres de las cuatro veces en las que caminaron en el espacio.

El liderazgo internacional

Como resultado de su trabajo en la Estación Espacial Internacional, la

Ochoa saluda a su marido, Coe Miles, y a sus hijos.

NASA envió a Ochoa como su representante para dar conferencias en Rusia y en otros países. En el Centro Espacial Johnson, Ochoa dirigió el trabajo de las tripulaciones para desarrollar y operar la Estación Espacial Internacional. También fue ayudante del jefe de la Oficina de Astronautas de la Estación Espacial Internacional.

La vida familiar

Ochoa también tiene otro trabajo nuevo: el de ser madre. Ochoa y Coe, su marido, tienen dos hijos. Es difícil ser madre y astronauta al mismo tiempo. Ser astronauta significa trabajar muchas horas y, a veces, estar lejos de casa durante largos períodos de tiempo. Pero Ochoa siempre tuvo más de un trabajo a la vez. Disfruta de los dos trabajos y siempre da lo mejor de sí en ambos.

Cuando Ochoa viajaba al espacio, podía comunicarse con su familia todos los días. Ella y su marido usaban el correo electrónico. A veces, hasta podían hacer videoconferencias.

Los reconocimientos continúan

La NASA siguió premiando a Ochoa por sus logros con la Medalla al Liderazgo Sobresaliente en 1995, la Medalla al Servicio Excepcional en 1997, y dos Medallas más de Vuelo Espacial, en 1999 y 2002. También recibió varios premios de organizaciones hispanas. Además, la nombraron **Ex-alumna** del Año de la Universidad Estatal de San Diego.

Ochoa recibió muchos otros reconocimientos. En 1999, año de su tercer vuelo espacial, el presidente Bill Clinton la eligió como miembro de la Comisión Presidencial en la Celebración de Mujeres de la Historia Estadounidense.

A la edad de 45 años y después de cuatro viajes espaciales, Ochoa tiene un puesto muy importante en el equipo de astronautas de la NASA. En él, una de sus tareas es ayudar a decidir qué astronautas formarán parte de las misiones al espacio.

En sus propias palabras

Sus consejos a los estudiantes

"No abandonen los estudios… La educación aumenta las posibilidades profesionales y les da la oportunidad de conseguir diversos empleos. Si quieren ser astronautas, hagan una licenciatura especializada en una área técnica, como las ciencias, las matemáticas o la medicina. Trabajen para la NASA o hagan algún tipo de servicio militar para aprender más y trabajar más en la especialidad que hayan elegido".

"Pero, para ser astronauta, saber ciencias no es lo único que hace falta. Un astronauta debe ser parte de un equipo y ser un líder al mismo tiempo. Participen en actividades en las que tengan que trabajar en estrecha colaboración con otras personas. Hay muchas cosas que les pueden servir para aprender a trabajar con otros. Por ejemplo, jugar en un equipo deportivo, o aprender a tocar un instrumento musical y formar parte de una banda o una orquesta".

Ochoa continúa disfrutando de sus pasatiempos, como tocar la flauta, volar aviones, andar en bicicleta y jugar vóleibol. También disfruta de pasar tiempo con su familia. Se esfuerza mucho para encontrar el equilibrio justo entre su vida como astronauta y como madre.

Un modelo a seguir

Ochoa alienta a las personas interesadas en ir al espacio para que traten de cumplir sus sueños. Su consejo es que descubran qué tipo de trabajos hay disponibles, qué tipo de habilidades se necesitan para esos trabajos y qué hay que estudiar para llegar a ser un astronauta. Muchos estudiantes universitarios trabajan en la NASA en los períodos entre un semestre y otro antes de terminar sus estudios. Generalmente, la NASA contrata a los jóvenes que ya hayan trabajado para ellos.

En particular, Ochoa alienta a las mujeres y a las **minorías** para que intenten trabajar en la NASA. Cuando Ochoa llegó a la NASA, encontró muchas más mujeres allí que las que había en las clases de ciencias en la universidad. En la NASA, hay muchas oportunidades para las mujeres, y no sólo como astronautas. Bonnie Dalton es la subdirectora de investigación espacial y de astrobiología de la NASA. Trabaja para que sigamos investigando y aprendiendo cosas nuevas sobre el espacio y los viajes espaciales. Otra mujer importante en la NASA es la Dra. Tina Panontin. Esta ingeniera forma parte de la NASA desde hace más de 20 años y está trabajando en el nuevo programa espacial.

Alrededor de 2,000 personas hispanoamericanas tienen un empleo de tiempo completo en la NASA. Trabajan en muchas áreas diferentes. Hay ingenieros, matemáticos, pilotos de pruebas, entrenadores de astronautas e inventores, entre otros. Algunos son famosos, como Franklin Chang-Díaz, que voló en un trasbordador el doble de veces que Ochoa, y el caminante espacial Michael ("L. A.") López-Alegría.

Ochoa trabaja a bordo del trasbordador espacial Atlantis *durante la misión STS-110.*

En sus cuatro vuelos, Ochoa estuvo en el espacio más de 978 horas. En una sola de sus misiones, ¡viajó cuatro millones de millas! Ochoa dijo que le gustaría vivir y trabajar en la Estación Espacial Internacional. También le gustaría ir a la Luna o a Marte. Sin embargo, es posible que ya no haga otro vuelo espacial. Otros astronautas esperan volar al espacio por primera vez. Con generosidad, Ochoa piensa que ellos deberían tener la oportunidad de ir adonde ella ya fue.

Es posible que otros astronautas hayan viajado a lugares más alejados del espacio y por más tiempo, pero Ellen Ochoa sigue siendo única porque fue la primera astronauta hispanoamericana de la NASA.

Ellen Ochoa es un gran ejemplo de que, si uno ama lo que hace, el trabajo arduo también puede ser muy divertido.

Glosario

bilingüe que usa o puede usar dos idiomas

cálculo forma avanzada de las matemáticas

carga útil carga que lleva una nave espacial y que contiene las cosas necesarias para cumplir el propósito del vuelo

Control de Misión unidad de la NASA que dirige los vuelos espaciales

cosmonauta astronauta ruso

discriminación tratar mal a alguien por su origen étnico o racial

Estación Espacial Internacional la nave espacial más grande que se haya construido; tiene laboratorios y habitaciones para que los astronautas vivan allí durante largos períodos de tiempo

estudiante a cargo del discurso de despedida estudiante que obtiene las calificaciones más altas y pronuncia el discurso de despedida de su clase en la ceremonia de graduación

ex-alumna muchacha o mujer que estudió o se recibió en una determinada universidad o institución educativa

física estudio de los objetos físicos y de la manera en la que la energía los mueve

gravedad peso; la fuerza que atrae los objetos hacia la Tierra

hábitat cierto ambiente en el que vive una persona o un animal

ingeniería eléctrica ciencia que estudia la producción de energía eléctrica y los instrumentos eléctricos que usan este tipo de energía

maniobrar manejar algo con habilidad, generalmente con una herramienta mecánica

minorías personas que pertenecen a razas o grupos étnicos cuyo número en una comunidad es menor que el número de otros miembros de esa comunidad

NASA (Administración Nacional de Aeronáutica y el Espacio) organismo del gobierno de Estados Unidos que realiza exploraciones espaciales

óptica estudio de la visión y de la manera en la que vemos las cosas; también es la ciencia de la luz y su funcionamiento

órbita camino que recorre un planeta o un objeto alrededor de otro planeta u objeto

persistencia determinación para continuar hasta alcanzar un objetivo

prejuicio disgusto sin razón por una persona, grupo o raza

Cronología

1958	Ellen Ochoa nace en Los Ángeles, California, el 10 de mayo.
1975	Termina la preparatoria y da el discurso de despedida de su clase.
1980	Se recibe de licenciada en física en la Universidad Estatal de San Diego; una vez más, da el discurso de despedida de su clase.
1981	Obtiene una maestría en ciencias de la Universidad de Stanford; gana un premio como solista.
1985	Se recibe de doctora en ingeniería eléctrica.
1985–88	Trabaja en los Laboratorios Nacionales Sandia en Livermore, California.
1988	La NASA la contrata para trabajar en el Centro de Investigación Ames, en Moffett Field, California.
1990	La NASA la elige para comenzar el entrenamiento como astronauta; Ochoa se casa con Coe Fulmer Miles.
1991	Completa el entrenamiento; se convierte en la primera mujer astronauta hispanoamericana.
1993	Viaja por 9 días al espacio como especialista de la misión STS-56 del *Discovery* para estudiar el Sol y la atmósfera terrestre.
1994	Viaja por 11 días al espacio como especialista de la misión STS-66 del *Atlantis* para estudiar más sobre el Sol y la atmósfera.
1995–98	Ayuda a desarrollar la Estación Espacial Internacional; da charlas frecuentes en las escuelas; se convierte en madre.
1999	Viaja en el primer trasbordador espacial que se acopla a la Estación Espacial Internacional.
2002	Vuela en la misión STS-110 del *Atlantis* para dar apoyo a la Estación Espacial Internacional.
2002 hasta el presente	Tiene muchos trabajos en tierra en la NASA; ayuda a elegir astronautas para misiones espaciales específicas.

Información adicional

Lecturas sugeridas

(Estas lecturas están disponibles sólo en inglés).

Chandler, Gil. *The Challenger: The Explosion on Liftoff*. Bloomington, MN: Capstone Press, 2002.

Walker, Niki. *The Life of an Astronaut*. New York: Crabtree Publishing, 2000.

Willett, Edward. *Careers in Outer Space: New Business Opportunities*. New York: The Rosen Publishing Group, 2002.

Direcciones

Centro Espacial Johnson
1601 NASA Road 1
Houston, TX 77058

Centro Espacial Kennedy
Cape Canaveral, FL 32899-0001

Museo Nacional del Aire y el Espacio
National Mall Building
Independence Ave at 4th Street, SW
Washington, DC 20560

Índice